DU

DICTIONNAIRE

DE

L'ACADÉMIE-FRANÇOISE.

PAR M. CH. NODIER.

DEUXIÈME ARTICLE.

PARIS,
TECHENER, LIBRAIRE, PLACE DU LOUVRE, N° 12.

Septembre 1835.

DU

DICTIONNAIRE

DE L'ACADÉMIE-FRANÇOISE.

SIXIÈME ÉDITION.

Il résulte de mon article précédent que l'Académie-Françoise a suivi, à très peu de chose près, dans cette sixième édition de son *Dictionnaire*, le plan qui lui avoit été tracé dès la première; et je n'ai pas hésité à dire que, non seulement elle avoit très bien fait en ce point, mais qu'elle seroit plus louable encore si elle étoit restée fidèle à ce système dans les occasions, heureusement très rares, où elle s'en est écartée. Je suis en effet convaincu que des deux innovations auxquelles l'Académie-Françoise a obtempéré, d'ailleurs avec une prudente économie, celle de l'orthographe voltairienne et celle de la nomenclature moderne des sciences, il ne restera pas la moindre trace dans la langue usuelle et littéraire, quand la succession des temps amènera la septième édition du *Dictionnaire*, si elle l'amène jamais. Alors, la nomenclature souvent renouvelée se sera réfugiée dans les *dictionnaires spéciaux*; alors, les loix étymologiques de l'orthographe, éclaircies par un bon savoir, seront devenues aussi intelligibles aux esprits justes qu'elles sont rationnelles; ou bien la langue aura fini de finir. Elle sera morte.

Il seroit donc fort rigoureux à mon avis, et je ne saurois trop le répéter, de chicaner l'Académie-Françoise sur ces deux concessions qu'elle n'a pu refuser à l'esprit du temps. A force d'entendre dire que l'intelligence humaine étoit en progrès, l'Académie-Françoise a dû croire qu'il en étoit de même du langage; car l'Académie Françoise est composée d'hommes, et les hommes croient tout ce qu'on leur dit.

Si pourtant l'Académie a laissé à la critique une part qu'elle n'auroit pu lui enlever sans lui en abandonner une autre, elle a offert à la saine lexicographie une compensation immense dans les améliorations notables de cette sixième édition. Des additions innombrables prescrites par l'usage, et confirmées par l'autorité des bons écrivains les plus récents; des définitions plus exactes, ordinairement plus claires, et quelquefois plus correctes; une multitude d'acceptions oubliées, restituées à leur place naturelle, et justifiées par des phrases d'exemple bien faites, ou empruntées aux formes les plus vulgaires et les plus accréditées du langage des gens qui parlent bien, donnent à cette édition vraiment classique un avantage considérable sur toutes celles qui l'ont précédée. Le *Prospectus* publié par MM. Didot, et que la publication du *Dictionnaire* doit suivre de près, renferme un curieux *Specimen* de ces augmentations que le mouvement des esprits et des idées a rendues essentielles, mais qu'un sage esprit de discussion et de critique a maintenues partout dans de justes bornes. Il est fâcheux que cet échantillon soit entaché, dès son commencement, d'une faute malheureusement trop commune, consacrée par l'autorité des éditions antérieures, et que je n'ai pas évitée dans ma laborieuse révision du *Dictionnaire* de Boiste. Ce n'est que par un oubli condamnable du principe étymologique des mots qu'on écrit indifféremment *Charte* ou *Chartre*, dans l'acception d'ancien *titre, lettres-patentes, loi fondamentale, constitution.* Il faut toujours écrire en ce sens, *Charte* qui vient de *Charta*, et ne peut pas venir d'autre chose.

L'origine de l'orthographe abusive *chartre*, est certainement dans *chartrier*, archiviste ou conservateur des *chartes*, qui est un mot bien fait, mais qui vient de *chartarius* et *chartularius*, où l'élément nouveau s'est introduit par une nécessité sensible. Dans le substantif radical, il est tout à fait vicieux ; j'aimerois presque autant qu'on écrivît *perne* de *pater*, au lieu de *père*, parce que de *paternus* on a tiré *paternel*. Cette fâcheuse cacographie de *chartre* est encore plus grave sous ce rapport, que *chartre* est lui-même, dans l'acception de *forteresse* ou de *prison*, un mot très françois dont l'étymologie est dans *carcer* ou dans *castrum*, et qui nous a fourni une locution fort vulgaire, *tenir en chartre privée*. Les médecins appeloient *chartre* jadis, c'est-à-dire du temps où les médecins parloient françois, une sorte de *tabes* ou de consomption des enfans, qui les retenoit, languissants, dans le domicile de leurs parents, loin de tous les plaisirs de leur âge, et c'étoit une figure vive, ingénieuse et hardie. Une *chartre* constitutionnelle, au sens étymologique, seroit une espece de cachot de papier où l'on emprisonne la légalité, et il faut prendre bien garde de donner lieu aux méchantes allusions, même dans les dictionnaires. Ce qu'il y a de certain, c'est qu'on doit respecter l'étymologie, parce que l'étymologie est le génie des langues ; et une conclusion de cette importance me justifieroit peut-être de m'être engagé dans une discussion trop minutieuse, si je n'avois eu à cœur aussi de prouver, par une critique légère, l'impartialité de mes éloges, qui risqueroient fort, sans cela, de paroître suspects. Cette erreur, de peu d'importance, est presque la seule d'ailleurs, qu'un examen approfondi m'ait fait découvrir, jusqu'ici, dans la sixième édition du *Dictionnaire de l'Académie-Françoise*. Des yeux plus exercés en découvriront d'autres, sur lesquelles l'Académie sera obligée de passer condamnation : mais quel dictionnaire est sans fautes ?

Un des grands écueils des dictionnaires qui se réimpriment, c'est cette émulation du mieux qui a fait tomber tant de lexicographes dans le pire et dans le détestable. Toutes les fois que vous voyez un nouveau dictionnaire se targuer fièrement d'une augmentation de trente mille mots, vous pouvez poser en fait, sans crainte de vous tromper, que ce dictionnaire contient vingt-neuf mille cinq cents barbarismes qui n'étoient pas dans les autres, car il ne s'introduit pas plus de cinq cents mots nécessaires dans une langue, pendant toute la durée d'un siècle ; et les honnêtes lecteurs qui se laissent éblouir par ces annonces fanfaronnes, sont sur la voie directe qui mène à désapprendre le françois. Rien n'étoit plus facile, par exemple, à l'Académie-Françoise, que de rajeunir son vieux travail, en le compliquant de ces exemples de prononciation figurée qui font depuis cent ans la fortune de ses plagiaires, si l'Académie n'avoit sagement pensé qu'il est impossible de figurer exactement la parole, dans une langue où plus du tiers des sons parlés manquent de signes écrits qui les rendent avec une stricte propriété. Elle s'est donc judicieusement renfermée dans des définitions vagues, sans doute, mais qui ne sauroient être plus précises, et dont l'application ne peut être enseignée que par l'usage. Il sera, je crois, assez piquant d'examiner comment les vocabularistes ont pourvu à cette difficulté radicale devant laquelle reculoient le goût et la prudence de l'Académie. Je m'en tiendrai pour cela au double LL ou L mouillé, dont aucun signe simple ne figure la valeur réelle dans notre alphabet.

Qu'est-ce en effet que le double LL ou L mouillé ? C'est tout bonnement un L mouillé, c'est-à-dire un signe factice que nous distinguons par un nom de convention, parce que nous n'avons point de signe propre à en exprimer la valeur, et l'Académie auroit été bien embarrassée de le mieux définir avec les signes que nous avons. C'est une articulation *sui generis*, et tout aussi caractérisée qu'aucune autre, mais qui n'a jamais été représentée dans les orthographes néo-latines que par des signes composés, et qu'il sera impossible de représenter autrement, tant que la néographie ne nous aura pas dotés d'un alphabet complet, si elle est capable d'en faire un, et surtout de le faire recevoir. L'Académie a donc pris le seul parti qu'il y eût à prendre, quand elle s'est renfermée dans une phrase technique, au lieu de se perdre en fausses approximations qui n'aboutiroient en dernier lieu qu'à vicier la prononciation d'une manière irréparable en entreprenant de l'éclaircir.

Si la définition de l'Académie ne vous suffit pas, et je conviens qu'elle ne peut suffire, parce que la théorie de la prononciation ne sauroit en remplacer la pratique, demandez au premier Italien venu comment il prononce *gli* article, à un Espagnol comment il prononce le double *ll* de *llamar*. Faites mieux encore, prenez la peine de vous en informer auprès de l'*écaillère* du coin, chez l'*émailleur*, chez le *quincaillier*, chez le *taillandier*, chez votre *tailleur*; de l'homme qui donne de la *paille* à vos chevaux, de la bonne qui donne de la *bouillie* à vos enfants. Toute émission de la parole qui n'a point de signe écrit dans l'alphabet, ne peut s'enseigner par d'autres moyens que la parole.

Qu'ont fait dans cet embarras nos habiles phonogra-

phes de vocabulaires? Le mieux avisé a écrit *mouyé*, qui
se rapproche au moins de la prononciation naturelle;
le son de notre prétendu *y* grec, comme on le lit dans
moyen et dans *moyeu*, étant une véritable consonne douce
dont le double *ll* mouillé figure l'articulation analogue,
passée à la touche forte; et remarquez bien que cette
faute est précisément la même que celle de l'allemand
méticuleux ou coquet qui dit *gonzonne* pour *consonne*;
mais c'est la moindre de toutes. Le second traduit *mouillé*,
qui est un barbarisme énorme; et M. Gattel *mouglié*,
qui en est un autre, quoiqu'il revienne à la valeur propre
de l'articulation dans la bouche d'un Italien. Aussi
me garderai-je bien de le désapprouver dans un
Dictionnaire françois à l'usage exclusif des Italiens.
Quant à M. Landais qui a prétendu trancher tous les
nœuds gordiens de la langue, il se félicite d'avoir découvert
que *mouillé* se prononce exactement *mou-i-é*, comme
si la lettre double n'y étoit pas, et il annonce en grande
pompe cette merveilleuse innovation dans un Dictionnaire
imprimé avec beaucoup de luxe, mais qui prouve
malheureusement que le dernier des dictionnaristes de
la langue françoise, par ordre de date, n'en savoit pas
tout l'alphabet. Il est inutile d'ajouter que ces quatre orthographes
sont également fausses et absurdes; car il
n'y a point de degrés dans l'absurde et dans le faux.
Quand on est sorti du vrai, on en est aussi loin à une
toise qu'à cent lieues. L'introduction même d'un alphabet
phonographique n'auroit d'importance réelle pour
l'intelligence de notre prononciation, qu'autant qu'elle
seroit avouée et consentie par toute l'Europe, et c'est ce
qui n'arrivera jamais d'un alphabet de convention. Si M.
de Tercy, qui s'occupe depuis long-temps de résoudre
cette grande question, a eu le bonheur d'y parvenir,
c'est qu'il a ingénieusement suppléé à l'absence de la

lettre par l'emploi du chiffre arabe dont l'usage est universel, opération inverse de celle de l'algèbre qui a pourvu à l'insuffisance et à l'incommodité du chiffre arabe par la capitale romaine, mais du même ordre et de la même portée, et qui ne suppose pas un génie d'une moindre puissance.

Fidèle à la conviction si souvent manifestée dans mes articles et dans mes livres, qu'un dictionnaire parfait dans nos langues imparfaites sera toujours un ouvrage impossible, je n'ai guères fait valoir jusqu'ici dans le *Dictionnaire de l'Académie-Françoise* que l'habileté admirable avec laquelle elle a évité, presque en tout et presque partout, les erreurs des autres *dictionnaires*. Mais je serois loin d'avoir rempli tout mon devoir, si je ne rendois, autant qu'il est en moi, une éclatante justice au mérite de ces phrases de définition qui réunissent toutes les qualités d'une définition bien faite, clarté, simplicité, précision, justesse; et dont il a bien fallu que les *dictionnaires* rivaux s'emparassent à leur tour, parce qu'il n'y avoit pas moyen de faire mieux. Or, je le répète, la collection des mots qui composent le dictionnaire est un squelette plus ou moins difforme auquel tout le monde est libre d'ajouter quelque membre parasite ou monstrueux. C'est la définition qui en est l'ame, et qui le fait vivre, sentir et marcher. Il n'y a rien de plus aisé pour les hommes qui possèdent les radicaux de quelque langue ancienne, que d'improviser ces mots *inentendus*, qui donnent un air de nouveauté à la phrase, et qui sont la ressource accoutumée des esprits stériles; mais une définition exacte, complette et claire, comme celles de l'Académie, est une œuvre de savoir, de goût et de raison. J'en dis autant de ces phrases d'exemple, si souvent et si mal-à-propos critiquées, parce qu'on n'a pas cherché à en faire des modèles élégamment inutiles de style oratoire et littéraire, mais dans lesquelles on a reproduit avec un soin religieux tous les mouvements et toutes les formes du langage.

Comment en seroit-il autrement, surtout dans cette nouvelle qui a été l'objet de tant d'investigations et de tant de sollicitudes? Il n'y a pas un mot du *Dictionnaire de l'Académie-Françoise*, et de ces mots pas une acception, et de ces acceptions pas une application usuelle, qui n'aient été scrupuleusement discutés à diverses reprises dans les séances de ce corps illustre où tous les arts de la parole ont des représentants. Repris en sous œuvre, et pour ainsi dire reconstruit durant le secrétariat de M. Auger, assisté d'une commission choisie parmi les hommes les plus versés en lexicologie et en grammaire, le *Dictionnaire* a été terminé sous le secrétariat de M. Villemain, par les soins de M. Droz, et personne ne pourra contester l'autorité de ces deux écrivains dans toutes les questions qui touchent au langage. Dans celles qui appartiennent à la technologie, et je persiste à dire que l'Académie auroit pu s'y montrer plus sobre encore, sans crainte de tomber dans le défaut d'une timidité mesquine, elle s'est constamment éclairée des lumières des autres classes de l'Institut, en les consultant chacune suivant sa spécialité, de sorte que la définition scientifique a presque toujours été rédigée pour elle par le savant lui-même qui avoit fait le mot, ou qui en avoit irrévocablement fixé l'emploi. A le considérer ainsi, on conviendra que le *Dictionnaire de l'Académie-Françoise* se distingue essentiellement de tous les Lexiques ordinaires, et qu'il s'élève du rang vulgaire des recueils de vocables nationaux à celui où de justes respects ont placé les codes et les législations. Ce n'est plus seulement un ouvrage à consulter pour les étrangers et les étudiants; c'est un livre de famille, indispensable à quiconque veut parler la langue du pays en connoissance de cause; c'est la charte littéraire, la bible grammaticale de la nation.

Ajouterai-je que je n'éprouve heureusement aucun embarras à lui payer ce tribut désintéressé? Arrivé trop tard au sein de l'Académie pour prendre part à ses importants travaux, je n'ai aucune part à réclamer dans ses succès et dans sa gloire. Si quelque rayon jaillit encore, après deux cents ans de cette noble institution qui en a vu passer tant d'autres, jamais le moindre de ses reflets ne s'étendra jusqu'à moi.

J'emploierai un troisième et dernier article à examiner quelques-unes des piquantes satires auxquelles la première édition du *Dictionnaire de l'Académie-Françoise* a donné lieu, et je me suis flatté que les personnes qui daignent me lire pourroient y trouver un double motif d'intérêt : le premier, c'est que ces critiques, souvent trop malicieuses et trop amères, ont cependant plus ou moins contribué à l'éclaircissement de la langue et à l'amélioration du *Dictionnaire*; le second, c'est que les ouvrages qui les contiennent sont entrés depuis quelque temps dans la catégorie de ces livrets rares, que les bibliomanes recherchent avec empressement, et qu'ils ne sauroient trop rechercher, quand ils renferment comme ceux-ci des documents précieux pour l'histoire du langage et de la littérature.

Ch. Nodier.

Paris, imprimerie de BRUN, rue du Mail, n° 5.

DICTIONNAIRE
DE L'ACADÉMIE FRANÇOISE.

SIXIÈME EDITION.

PAR M. CH. NODIER.

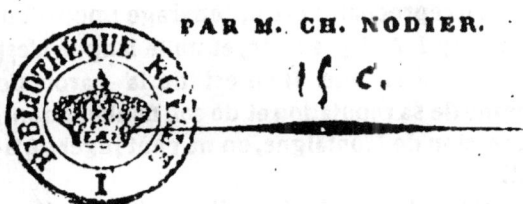

Quiconque se rappellera mes nombreux, et trop nombreux articles sur les dictionnaires en général, et sur le *Dictionnaire de l'Académie* en particulier, pourra me croire fort embarrassé dans la discussion nouvelle où je m'engage aujourd'hui. Je n'ai pas passé jusqu'ici pour homme à lutter d'agilité avec ces légers acrobates de la presse qu'un soubresaut ingénieux fait toujours retomber sur leurs pieds, et comme je signe tout ce que j'écris depuis que j'ai le malheur d'écrire, il ne me reste pas même la ressource, commode et vulgaire, de répudier mes opinions anonymes au profit de l'opinion qu'un intérêt nouveau m'impose. Or, pendant que je me permettois de censurer le *Dictionnaire de l'Académie-Françoise* avec une liberté quelquefois un peu caustique, l'*Académie-Françoise* a daigné m'élever jusqu'à elle, et me rendre par là solidaire, pour un quarantième, du travail qu'elle a si patiemment et si utilement mené à fin.

C'est avec cette position ambiguë du grammairien consciencieux et de l'académicien reconnoissant que viennent se compliquer les obligations sévères du journa liste, et je conviens que toutes ces difficultés, mises en semble, excéderoient de beaucoup mes forces, si le ministère de l'homme de lettres n'avait pas de secrètes grâces d'état pour un écrivain de bonne foi. Ce que j'ai pensé, je le pense encore, et je le dirois maintenant comme je l'ai dit, si j'avois à le dire.

Il n'existera jamais de dictionnaire parfait dans une langue imparfaite, ou, pour m'exprimer plus largement, un dictionnaire irréprochable est un ouvrage impossible dans une langue qui n'est pas fixée, et nulle langue n'est fixée tant qu'elle est vivante. Il en est de la parole de l'homme comme de sa réputation et de son bonheur dont, suivant l'expression de Montaigne, on ne peut juger qu'après sa mort.

Un dictionnaire est cependant un livre utile, un livre indispensable, un livre de tous les moments. Sans dictionnaire, il n'y a que vague dans les mots, dans les acceptions qui sont l'esprit des mots, dans l'orthographe qui en est la raison. Les nations ont besoin de dictionnaires sous peine de ne pas s'entendre dans leur propre langage, et elles n'y sont que trop disposées ; mais il ne faut demander aux dictionnaires que ce qu'ils peuvent donner, et le pouvoir relatif du lexicographe a des bornes très étroites, parce que sa tâche n'en a point. Le meilleur des dictionnaires possibles, c'est donc seulement le moins mauvais.

On a fait contre la première édition du *Dictionnaire de l'Académie* trois critiques spécieuses qui valent la peine d'être discutées. On a reproché à l'Académie d'avoir dédaigné l'étymologie des mots, de ne s'être pas tenue au courant des nomenclatures scientifiques et industrielles, de ne s'être pas appuyée de citations empruntées aux écrivains accrédités de son temps. On y ajoutoit alors le reproche plus légitime selon moi, mais je suis seul aujourd'hui de mon avis, d'avoir contribué, par un exemple imposant, à l'altération de l'orthographe.

Pour se former une opinion raisonnable de l'œuvre de l'Académie, et pour en comprendre les conditions nécessaires, il faut remonter à l'époque où elle lui fut imposée dans le dessein de fixer et surtout de conserver la langue. Il en est de la bonne critique ainsi que de la bonne législation qui n'a point d'effets rétroactifs.

L'étymologie étoit fort étudiée au dix-septième siècle. Elle l'étoit peut-être trop, parce qu'elle l'étoit mal, et qu'elle ne pouvoit l'être mieux, dans une langue qui avoit mis en oubli les langues intermédiaires, qui ne savoit rien des langues primordiales, et qui ne pouvoit rattacher ses origines aux langues classiques qu'à travers une foule d'hypothèses et de paradoxes. Ménage, qui manquoit toutefois à l'Académie, car c'étoit un homme de grand savoir, étoit lui-même un fort mauvais étymologiste, et il auroit entraîné cette illustre compagnie dans de graves erreurs, si elle avait eu foi à sa parole. L'Académie se montra pleine de prudence et de goût en laissant la recherche de l'étymologie à un âge plus avancé.

Les nomenclatures scientifiques et industrielles étoient une langue mobile et progressive qui se formoit à côté de la langue usuelle et littéraire, et qui devoit un jour la dépasser en signes propres. L'académie le sentit; et ce fut un grand mérite à elle, puisque rien ne pouvoit lui faire prévoir encore le danger de cette invasion *babélique* dont toutes les langues sont fatalement menacées. Si elle avoit suivi le plan irréfléchi de Furetière, son *Dictionnaire* seroit tombé au rang des livres surannés avant d'être sorti de l'impression, et il seroit aussi peu consulté aujourd'hui que le *Dictionnaire* de Furetière, les nomenclatures techniques ayant changé plusieurs fois de forme entre chacune de ses éditions. Il y a d'ailleurs une différence énorme entre la langue usuelle des nations, qui est commune à tous, et la langue spéciale des méthodes qui est écrite pour quelques adeptes, quand par hasard elle est écrite pour quelqu'un. Un *Dictionnaire* technologique des vocables qui ont été introduits dans le françois pour faciliter l'étude des sciences et en particulier l'investigation des faits naturels, seroit sans doute à la fois un monument très précieux des progrès de l'esprit humain, et un monument très philosophique de ses aberrations, mais ce ne seroit pas un *Dictionnaire françois*. On peut en juger par les lexiques ambitieux dont les auteurs ont eu recours à ce pitoyable moyen d'enrichir la langue écrite, amalgame hibride et monstrueux des instruments propres du langage, et des instruments factices de cinquante *argots* divers qui hurlent, comme on dit, d'être ensemble. Que l'Académie des sciences fasse donc des *Dictionnaires* spéciaux, c'est peut-être son devoir; que l'Académie-Françoise s'en tienne au *Dictionnaire* du bon langage, tel qu'il nous a été légué par les maîtres de la parole, et qu'elle se garde bien de l'appauvrir de ce luxe mal entendu qui renouvelle ses pompeux haillons à l'apparition de tous les systèmes, et qui, mode lui même, a l'instabilité de toutes les modes. Sa tâche sera encore assez grande, et l'Académie s'est montrée d'autant plus digne de la remplir qu'elle a rarement franchi ses bornes : je voudrois pouvoir dire qu'elle ne les a pas franchies, et cependant sa condescendance s'explique, je l'accuse d'avoir été trop modeste et trop polie.

Quant au défaut de citations et d'autorités, c'est cette question surtout qui exige qu'on se reporte au temps où le *Dictionnaire de l'Académie* fut composé. Il étoit établi en principe dans la littérature que la langue françoise datoit de Malherbe. C'étoit une erreur sans doute, une

erreur immense, mais une erreur avouée, classique, sa-
cramentelle, qui a prévalu comme une loi; et il y a bien
des loix, si on faisoit leur histoire, qui auroient une erreur
à la racine de leur arbre généalogique. Malherbe étoit
mort il y avoit moins de dix ans, quand l'Académie-Françoise fut chargée du travail du *Dictionnaire*, et dès sa
récente institution, elle avoit réuni en elle, sans autre
exception que Ménage, tous les hommes qui exerçoient
alors quelque influence sur les arts de la parole, car
Gabriel Naudé étoit à Rome, et Pascal et Molière ne
vinrent que long-temps après. La citation ne pouvoit
donc être empruntée qu'à des académiciens vivants,
ou tout au plus qu'à ceux qui se décidoient à mourir
comme Bois-Robert, en désespoir de voir la fin de l'ouvrage, pendant la lente élaboration des premières lettres;
étrange système que celui qui auroit assis les arrêts
de l'Académie sur ses propres exemples, et qu'on
accuseroit légitimement aujourd'hui d'avoir cumulé
dans un corps despotique la faculté exclusive de pro-
duire et le droit exclusif de juger. Convenons que la prudente réticence de l'Académie fut l'expression d'une hau-
te pudeur littéraire qui ne mérite que des éloges, et
qu'elle sortit très habilement des difficultés de sa position, en substituant à cet étalage orgueilleux de citations
qui ne lui étoit pas permis, l'emploi de ces phrases
conventionnelles où se reproduisent bien plus sûrement
toutes les locutions du langage. Définition exacte des
mots introduits par la nécessité qui crée les langues,
consacrés par l'usage qui les légalise, et approuvés par
le goût qui les épure; exemples variés et complets des
acceptions auxquelles ils se plient, des modifications
qu'ils subissent, des mouvements de la parole qui les dé-
placent et les transforment, tel dût être le double objet que
l'académie se prescrivit dans son œuvre, et on seroit bien ri-

goureux si on trouvoit ce plan trop circonscrit, même pour une aggrégation d'hommes d'élite. Un écrivain que la linguistique révère parmi ses oracles les plus infaillibles, a dit qu'une définition exacte étoit le chef-d'œuvre de l'esprit humain. Qu'est-ce donc que la définition appliquée à tous les mots d'une langue, surtout quand ils se présentent dans cet ordre incohérent de l'alphabet, qui est loin de prêter à l'analyse les lumières de la logique ? Eh bien ! cette phrase de convention, ce lieu-commun de *Dictionnaire*, qui explique et développe la définition dans autant d'exemples que le mot peut recevoir d'emplois divers, et qui le saisit, en quelque sorte, comme un autre Protée pour lui arracher tous ses secrets; cette manière de parler si simple et si vulgaire en apparence, qui justifie les sens du mot écrit par l'autorité bourgeoise, mais essentielle, de la bonne conversation, exige aussi, pour s'énoncer avec justesse et clarté, beaucoup de finesse de tact et beaucoup de netteté d'expression. Qu'on ne s'abuse point là-dessus ! Le fameux *Lexicon contextal* de Scaliger n'est pas une plaisanterie, et c'est un livre extrêmement difficile à faire qu'un *Dictionnaire* type, qu'un *Dictionnaire* de création comme celui de l'Académie. Les copistes ont plus beau jeu; et les aristarques aussi.

L'Académie a donc agi avec une parfaite sagesse quand elle a repoussé de son plan l'*étymologie*, qui étoit encore à trouver; la *nomenclature scientifique* qui sera toujours à faire, et la *citation classique*, impossible dans une langue de vingt ans, dont l'Académie résumoit toutes les autorités. Je ne dis pas pour cela, Dieu m'en garde, que l'*étymologie*, la *nomenclature* et la *citation* ne soient des choses fort bonnes en elles-mêmes, et qui demandent d'être écrites avec puissance et gravité, quand on saura les écrire; mais ce n'étoit alors ni le lieu ni le temps. L'Académie avoit à composer le *Dictionnaire* de la langue usuelle, à l'éclaircir par des définitions judicieuses, à rendre ces définitions sensibles par des exemples familiers, mais correctement exprimés. C'est ce que l'Académie a fait, et j'ai déjà dit que si elle avoit fait autrement, on ne parleroit plus de son *Dictionnaire* qui est resté règle de langue, *et principium et fons.* Il seroit usé aujourd'hui comme les folles étymologies de Court de Gébelin, comme les nomenclatures caduques de Tournefort et de Macquer.

Dans les langues plus qu'ailleurs, et mille fois davantage, *le mieux est ennemi du bien*. Les améliorations systématiques anticipent sur leur vieillesse, hâtent leur décadence, et précipitent leur chute. Les ambitions de l'intelligence ont cela de commun avec toutes les ambitions, que, parvenues sur le faîte, elles aspirent à descendre. Il n'y a point d'innovation, même dans la forme de la parole, qui ne lui ait porté plus de préjudice qu'une invasion de barbares. Si Omar a brûlé les bibliothèques, je vois peu de différence entre lui et Lycophron dont la phraséologie capricieuse les rendoit inutiles, et je donnerois volontiers l'avantage au soldat sans lettres qui détruit les monuments les plus précieux d'une littérature, sur le lettré sacrilège qui les profane. C'est pour cela que je ne saurois approuver cette déplorable innovation d'orthographe, accréditée par la presse ignorante, et qui vient d'être sanctionnée par l'Académie sous l'autorité de Voltaire. Voltaire est le plus ingénieux et le plus brillant des écrivains de notre dernière période littéraire, mais c'étoit un esprit absurde en grammaire, comme dans toutes les sciences exactes ou philosophiques auxquelles il a osé toucher. Il falloit le laisser au seuil des sciences avec sa double couronne de poète et de prosateur. C'est une faute irréparable que de l'avoir suivi plus loin. L'Académie commence un *Dictionnaire* historique de la langue, appuyé sur la citation. Je voudrois bien savoir ce qu'elle y fera de la prétendue orthographe de Voltaire.

Je n'aurai probablement pas beaucoup d'autres objections à faire contre le système lexicologique de l'Académie. Mais je devois celle-ci à ma conscience de grammairien, à cette indépendance d'homme de lettres que l'Académie a toujours respectée dans ses membres, et qui permettoit à Mezeray d'écrire sur la marge d'une de ses délibérations la fameuse protestation normande : *Nonobstant clameur de haro.*

J'examinerai dans un article prochain la dernière édition du *Dictionnaire de l'Académie*, et je n'aurai pas de peine à démontrer qu'elle lui maintient le premier rang parmi tous les *Dictionnaires* de notre langue.

BIBLIOGRAPHIE
DES FOUS.

DE QUELQUES LIVRES EXCENTRIQUES.

PAR M. CH. NODIER.

(2ᵉ ARTICLE.)

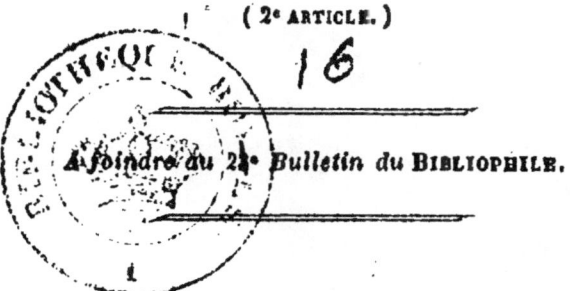

A joindre au 24ᵉ Bulletin du Bibliophile.

PARIS,

TECHENER, LIBRAIRE, PLACE DU LOUVRE, N° 12.

Novembre 1835.

www.ingramcontent.com/pod-product-compliance
Lightning Source LLC
Chambersburg PA
CBHW070426080426
42450CB00030B/1764